📷 萩と石見を写真で綴る

旅 の 図 案 帖

HAGI IWAMI AREA PHOTOBOOK

INDEX

Photos

05	益田と津和野
27	江津と浜田
43	石見銀山と温泉津
65	萩とその周辺

Column

04	**1**	スマホカメラの心得
26	**2**	益田と津和野　心ときめく食と景色に出会う旅
64	**3**	城下町・萩　歴史とモダンが出会う旅
89	**4**	タクシーガイド
90	**5**	レンタカーガイド

81	INFORMATION	みどころ／グルメ／民芸品／おみやげ／宿泊
91	MAP	益田と津和野／江津と浜田／石見銀山と温泉津／萩とその周辺／ACCESS MAP

写真撮影は周囲へのマナーと思いやりを大切に　店舗等の情報は2018年11月時点のものです

旅のはじまり

うれしくて、かわいくて、きれいで、
めずらしくて、じまんしたくて、——のこしておきたい。

そんな特別な瞬間を見つけに、萩・石見エリアを訪ねてみませんか。

丁寧に暮らす人や丁寧に作られたものたちとの出会いは、
きっとあわただしい毎日にゆとりをくれるはず。

日常の喧騒を忘れられる、
ゆたかな自然と人々のぬくもりのつまった場所が待っています。

Column 1

スマホカメラの心得

旅先で見つけたステキなものを写真に残したい、誰かに見てほしい。そんなとき、スマートフォンで手軽にできる撮影テクニックを少しだけご紹介します。

 POINT 1　スマホを固定して写真のブレを防ぐ
写真ブレの原因で多いのは、スマホを片手で持っての撮影。ブレを防ぐためにも、スマホはしっかり両手で構えて撮影しましょう。テーブルなどでは、肘をついて固定するのも◎

 POINT 2　グリッド表示をする
グリッド表示をONにすると画面にラインが引かれ、被写体を収める位置の目安に。ラインが交わる位置かラインに沿った位置に被写体を合わせることで、写真のバランスがぐっとよくなります。

 POINT 3　レンズを綺麗にする
スマホのレンズは意外と汚れていることも。レンズの汚れはきれいに拭いておきましょう。

 POINT 4　ピントをしっかり合わせる
スマホカメラは基本的に自動でピント調整をしてくれますが、画面をタップすれば確実に被写体へピントを合わせることができます。

POINT 5　ズームは使わない
スマホカメラにもズーム機能はありますが、画質が粗くなってしまいます。ズームはなるべく使わずに撮影しましょう。

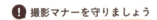
撮影マナーを守りましょう

お店の方やほかのお客さんの迷惑にならないように

私有地への立ち入り、違法駐車はNG

美術館や神社仏閣などは撮影禁止の場合も

SNSなどに投稿するときはプライバシーにも配慮を

赤瓦と、鯉泳ぐ城下町

益田と津和野

萩・石見空港

島根県益田市

Hagi Iwami Airport

Masuda City, Shimane

Hagi Iwami Airport is located about 15 minutes by car from the center of Masuda City. In addition to connecting Tokyo and western Shimane prefecture, there are also flights operated to Osaka during the summer. In addition, the 100% domestically-produced honey from the bee farm within the grounds of the airport is sold as highly popular "Airport Honey."

◉ 萩・石見空港 _ 益田市

◉ 萩・石見空港 _ 益田市

◉ 空港はちみつ
萩・石見空港 _ P.87

07

萩・石見空港

♀ 島根県益田市

滑走路をぼんやりと眺めるのも、
青々とした芝生をのんびりと歩く
のも、すこし贅沢な旅のはじまり。

Hagi Iwami Airport

♀ Masuda City, Shimane

高津川・飯田橋

📍 島根県益田市

Iida Bridge over Takatsu River

📍 Takatsu River / Masuda City, Shimane

The Takatsu River is a Class A river that has its source in Yoshika Town and passes through Tsuwano Town and Masuda City before flowing into the Sea of Japan. It is a river with very high water quality and has been selected as one of the clearest streams in Japan on multiple occasions. The ayu (sweetfish) that can be caught in it are superb.

● 島根県益田市／喫茶トラカイ
● Cafe Trakai / Masuda City, Shimane

📷 ショコラブールとフルーツパイ
monukka _ P.85

📷 オーレカップとビールカップ
雪舟焼窯元 _ P.86

📷 月替わりのプレートランチ
喫茶トラカイ _ P.84

医光寺
📍 島根県益田市

Ikoji Temple
📍 Masuda City, Shimane

Ikoji Temple is the temple that had the ink painter and Zen priest Sesshu (1420-1506) as its chief priest. In the gardens that bear his name, it is possible to enjoy the different scenery of the changing seasons.

美都の蛍
島根県益田市

Fireflies in Mito
Masuda City, Shimane

The area around the Mito hot spring in Masuda City is famous for being a place where many fireflies can be seen. Around June each year which is the best time to see the fireflies, a firefly viewing event is also held.

唐音水仙公園
島根県益田市

Karaoto Suisen Park
Masuda City, Shimane

This is a park alongside the coastline formed from strangely shaped rocks called the Karaoto no Jagan (snake-like rocks). In the peak season, two million Japanese daffodils bloom against the backdrop of the Sea of Japan.

大井谷棚田
島根県鹿足郡吉賀町

Oidani Terraced Rice Fields
Yoshika Town, Shimane

太皷谷稲成神社

島根県鹿足郡津和野町

Taikodani-Inari Shrine

Tsuwano Town, Shimane

This is counted as one of the five greatest Inari shrines in Japan and the deities enshrined are believed to grant wish fulfillment, business prosperity and the warding off of evil and bringing of good luck. The approach to the shrine has vermillion-lacquered torii gateways lined up like a tunnel and is a magnificent sight.

津和野の町並み
島根県鹿足郡津和野町

Townscape of Tsuwano
Tsuwano Town, Shimane

津和野の町並み
島根県鹿足郡津和野町
Townscape of Tsuwano
Tsuwano Town, Shimane

📷 源氏巻
和菓子処 三松堂 _ P.87

📷 源氏巻アイス
山田竹風軒本店 _ P.85

📷 まめ茶・津和野緑茶のクッキー
和菓子処 三松堂 _ P.87

弥栄神社の鷺舞神事
 島根県鹿足郡津和野町

Sagimai Ritual at Yasaka Shrine
 Tsuwano Town, Shimane

This is a traditional performing art ritual of the Tsuwano Yasaka Shrine and has been designated as an important intangible folk cultural asset of the country. It is possible to view the dance in the town on the two days of the Gion Festival each year that are the "Goshinko" day (when the deity departs) and the "Gokanko" day (when the deity returns).

◉ ブロンズの鯉 _ 津和野町

◉ 鷺舞神事の頭屋飾り

◉ 津和野こしひかり
吉永米穀店 _ P.87

📷 種の図書館
俵種苗店 _ P.87

📷 店先風景
俵種苗店 _ P.87

📷 一等丸
高津屋伊藤博石堂 _ P.87

乙女峠マリア聖堂
島根県鹿足郡津和野町

Otome Toge St. Mary Chapel
Tsuwano Town, Shimane

This is a chapel that was built in memory of Christian martyrs who were persecuted during the Meiji Era. A soft light shines in through the stained glass windows of the chapel, which is surrounded by greenery.

島根県鹿足郡津和野町／糧
Kate / Tsuwano Town, Shimane

📷 日替わりランチ
糧_P.85

📷 シフォンケーキ
糧_P.85

📷 この日は自分ではさむハンバーガー
厨ファミリア_P.85

25

Column 2

益田と津和野　心ときめく食と景色に出会う旅

到着　萩・石見空港 → 益田市内観光
宿泊　町家ステイ上新丁・戎丁
津和野まちあるき：吉永米穀店 → 山田竹風軒本店 → 俵種苗店 → 三松堂本店 → 糧
帰路へ　萩・石見空港

益田市内観光

[monukka]

板チョコをはさんだショコラブールが大人気！

ぶどう園ならではのコンフィチュールはおみやげにも◎

[医光寺]

医光寺にある雪舟庭園は、風情ある四季折々の眺めが楽しめるスポット。

津和野まちあるき

[鯉の米屋・吉永米穀店]

中庭瀞の鯉にえさをあげたり

[山田竹風軒本店]

源氏巻アイスでひんやりしたり

津和野へ

[津和野町家ステイ上新丁・戎丁]
かみしんちょう　えびすちょう

上新丁

戎丁

津和野の町家暮らしを感じられる、一棟貸しスタイルの宿泊体験施設。

[喫茶トラカイ]

果樹園に囲まれた小さなカフェでほっとひと息。

[俵種苗店]

散策に便利なレンタサイクルも！

[和菓子処 三松堂 菓心庵]

手しごと菓子に触れてみたり

知るスイーツでほっこりしたり

[糧]
かて

身体にやさしい調味料・スパイスなどの販売も。

お店の一角にはセレクトの書店棚も

平日はランチ、週末は野菜ビュッフェ。どちらも野菜がたっぷり。

※タクシー・レンタカーについてはP.89〜90参照　※上記コースおよび交通手段は一例です。おでかけの際には、事前にWEB等で確認することをおすすめします。

紺碧なびく、海辺の町

江津と浜田

旧江津郵便局
📍 島根県江津市／江津本町甍街道

Former Gotsu Post Office
📍 Gotsu Honmachi Iraka Kaido Street / Gotsu City, Shimane

Gotsu-Honmachi has long-prospered since it was a town in the Tenryo (bakufu-owned) land at an important point for transportation on water on the Gonokawa River and marine transportation on the Sea of Japan. There are a large collection of early-modern and modern-period buildings and the character of the Tenryo can still be seen in the former Gotsu Post Office and elsewhere.

有福温泉街
島根県江津市

Arifuku Onsen Town
Gotsu City, Shimane

Arifuku Onsen is a hot spring that was discovered deep in the mountains more than 1,350 years ago. The transparent and colorless simple alkaline spring has long been famous as a "hot spring of beauty" that produces almost transparent, beautiful white-colored skin.

📷 有福温泉の町並み_江津市

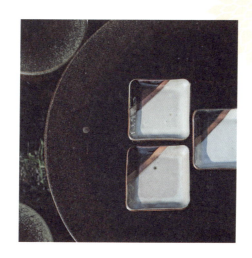

📷 クラフトビール
石見麦酒_P.87

📷 角皿
石州 嶋田窯_P.86

島根県江津市／蔵庭
Kuraniwa / Gotsu City, Shimane

◉ 玄米プレート
蔵庭 _ P.84

◉ マンゴースムージー
K Stand Talking _ P.84

◉ おろし皿
石州 嶋田窯 _ P.86

石見大崎鼻灯台

📍 島根県江津市

Iwami Osakihana Lighthouse

📍 Gotsu City, Shimane

The view from the lighthouse includes the beautiful coastline and hills. It is a spot of picturesque scenery that often appears on posters and pamphlets. The mountain path up to the lighthouse is maintained so that it is easy to walk on and the blue sea with the lighthouse stood in the lush greenery makes a beautiful picture.

石見畳ヶ浦
島根県浜田市

Iwami Tatamigaura Seaside
Hamada City, Shimane

A coastal area that is covered by strangely shaped rocks ("nodules"), said to be remnants of the shallows from 16 million years ago. Features like heart shaped fossils can be found throughout the seaside.

下来原の一本道

島根県浜田市

Straight Road in Shimokurubara

Hamada City, Shimane

This was the location used for the movie made of the popular Japanese comic "Tennen Kokekko (A Gentle Breeze in the Village)" (Fusako Kuramochi/Shueisha). This straight road was also used on the front of the DVD and its serene and expansive rural scenery is sure to feel refreshing.

未成線「幻の広浜鉄道今福線」の橋脚群
島根県浜田市

Remains of the foundation of the unfinished Kohin Railway Imafuku Line
Hamada City, Shimane

The Kohin Railway Imafuku Line never came to be as the construction work was halted before its completion. The bridge pillars remain standing as relics of it in the mountains and it is possible to view them from a nearby observation tower.

山陰本線沿線
📍 島根県浜田市／折居駅—三保三隅駅

Along the San'in Line
📍 Between Orii Sta. and Mihomisumi Sta. / Hamada City, Shimane

The San'in Main Line is a local line that stretches 673.8 km from Kyoto Station to its final stop at Hatabu Station in Yamaguchi Prefecture. There are many parts of the line in western Shimane Prefecture that run alongside the Sea of Japan and it is possible to view the sea and the setting sun from the train windows.

いちごとブルーベリーのジェラート
楓ジェラート _P.84

クリームソーダ
日東紅茶ティーパーラー _P.84

いちごフラッペ
楓ジェラート _P.84

浜田マリン大橋

📍 島根県浜田市

Hamada Marine Bridge

📍 Hamada City, Shimane

緑の風ふく、鉱山町と港町

石見銀山と温泉津

石見銀山・仙ノ山展望台から
島根県大田市

View from Sennoyama Observatory in Iwami Ginzan Silver Mine
Ohda City, Shimane

The World Heritage Site of the Iwami Ginzan Silver Mine includes the ruins of the Shimizudani Refinery and the remains of many tunnels. The Ryugenji Mabu mine shaft is a 45-minute (2.3km) walk from the Iwami Ginzan Park.

石見銀山・大森町の町並み
島根県大田市

歩いているだけで、懐かしい。
立ち止まるだけで、思い出に残る。
ここは山深い小さな町。

Landscape of Omori, Iwami Ginzan Silver Mine
Ohda City, Shimane

● 島根県大田市／他郷阿部家
● Takyo Abeke Guesthouse / Ohda City, Shimane

📷 食堂
他郷阿部家 _ P.88

📷 渡り廊下
他郷阿部家 _ P.88

📷 台所
他郷阿部家 _ P.88

店先風景
群言堂 _ P.84

里山おむすび定食
群言堂本店カフェ _ P.84

季節のケーキ
群言堂本店カフェ _ P.84

大森町のねこ
島根県大田市

気ままだけれど、人懐っこい。
そばを通ると挨拶したくなる、
そんな猫。

A cat in Omori
Ohda City, Shimane

石見銀山・大森町の町並み
島根県大田市

Townscape of Omori, Iwami Ginzan Silver Mine
Ohda City, Shimane

📷 アイスコーヒー
ZUIENT 石見銀山本店 _ P.84

📷 ブレッツェル
ベッカライ＆コンディトライ ヒダカ _ P.84

📷 店先風景
ベッカライ＆コンディトライ ヒダカ _ P.84

温泉津の温泉街
島根県大田市

Yunotsu Onsen Area
Ohda City, Shimane

This is a prestigious hot spring that is popular as a health resort and has a long history since its discovery around 1,300 years ago. When in the water, it is possible to feel the skin becoming smoother. Popularly known for its beneficial properties, even now it attracts visitors here from all throughout Japan.

温泉津温泉 夜神楽
(長澤社中)

島根県大田市

Yunotsu onsen Night Kagura

Ohda City, Shimane

Iwami Kagura is known especially for its luxurious costumes and intense performances, compared to other types of kagura. The Iwami Kagura can be viewed from 20:00 every Saturday at the "Yunotsu onsen Night Kagura" in the Tatsunogozen Shrine in the Yunotsu onsen.

温泉津の温泉街
島根県大田市

Yunotsu Onsen Area
Ohda City, Shimane

55

島根県大田市　椿窯
Tsubakigama Kiln / Ohda City, Shimane

島根県大田市／椿窯
Tsubakigama Kiln / Ohda City, Shimane

島根県大田市／森山窯
Moriyamagama Kiln / Ohda City, Shimane

島根県大田市／森山窯
Moriyamagama Kiln / Ohda City, Shimane

📷 作陶風景
森山窯 _ P.86

📷 フリーカップとマグカップ
森山窯 _ P.86

📷 平皿と小皿
棒窯 _ P.86

温泉津やきものの里・登り窯
島根県大田市

Climbing Kiln of Yunotsu Yakimono no Sato
Ohda City, Shimane

Yunotsu Yakimono no Sato has two massive climbing kilns for pottery firing. The nearby "Yakimono Kan" sells works from potters and original works and it is also possible to easily enjoy pottery experiences.

神谷棚田
島根県邑智郡邑南町

Kandani Terraced Rice Fields
Ohnan Town, Shimane

浄善寺の大銀杏
島根県大田市

Big Ginkgo Tree in Jozenji Temple
Ohda City, Shimane

The 600-year-old ginkgo tree in the temple grounds is a large tree that measures 20 meters tall and 7 meters around its trunk. During the season of autumn foliage, the scene of the ground covered by a golden carpet of fallen leaves almost seems to be from another world.

Column 3

城下町・萩　歴史とモダンが出会う旅

到着　萩・石見空港 → 菊ヶ浜 → 晦事 → ゲストハウス SAKAYA → 宿泊 ゲストハウス ruco → 平安古鍵曲 → ホトリテイ（畔亭） → 松陰神社 → 萩陶苑・椿萩窯 → 帰路へ 萩・石見空港

[菊ヶ浜]

昼間も夕方も楽しめる散策スポット。

[晦事（ことこと）]

セレクト雑貨も並ぶ店内。

夏みかんゼリーでリフレッシュ。

[平安古鍵曲（ひやこかいまがり）]

迷路みたいに不思議な形の鍵曲。

見ていて飽きない塀の模様。

[SAKAYA]

2Fの角打ちスペースで好みのお酒を試飲しながら探すことも。

1Fには萩の地酒や世界中のワインがずらり。

[ゲストハウス ruco]

ゲストハウスにチェックイン。荷物を置いて、ラウンジでひと息。

[ホトリテイ（畔亭）]

ボリュームたっぷりのランチプレート！

庭園を眺めながらランチがいただけます。

温玉とろとろのローストポーク丼。

[松陰神社]

鈴の音がかわいい知無みくじ

思想家・吉田松陰を祀る明治時代創建の神社。境内には、松陰が高杉晋作や伊藤博文らに教えを説いた「松下村塾」などもあります。

[萩陶苑（しゅうとうえん）]

トリオプレートも

モダンなデザインの萩焼がずらり。

※タクシー・レンタカーについてはP.89～90参照　※上記コースおよび交通手段は一例です。おでかけの際には、事前にWEB等で確認することをおすすめします。

橙かおる、維新の町

萩とその周辺

萩反射炉
山口県萩市

Hagi Reverberatory Furnace
Hagi City, Yamaguchi

This historical site gives a feeling of the industry of the past and it is said that its introduction was attempted by the Hagi Clan in the Edo Period as a metal melting furnace necessary for the casting of iron cannons.

笠山椿群生林
📍 山口県萩市

Kasayama Camellia Grove
📍 Hagi City, Yamaguchi

Walkways and an observation tower have been prepared in this dense forest which has around 25,000 Camellia japonica growing wild. The "Hagi Camellia Festival" is held every year during the best time to see the plants.

平安古鍵曲
山口県萩市

Hiyako Kaimagari
Hagi City, Yamaguchi

Kaimagari is a unique route layout that has roads enclosed with high mud walls on the left and right sides and sections with turns (at right angles) as defensive measures. In Hagi City, it is still possible to walk along roads shaped in this way, which is a style peculiar to castle towns.

◉ 傘みくじ
松陰神社 _ P.83

◉ 城下町の町並み _ 萩市

◉ 萩の夏みかん
平安古鍵曲 _ P.83

📷 夏みかんゼリー
晦事 _ P.85

📷 週替わりランチ
patra cafe _ P.85

📷 フルーツのシロップドリンク
patra cafe _ P.85

阿武川沿いの家並み
山口県萩市

Row of Houses along Abu River
Hagi City, Yamaguchi

萩市内眺望・田床山展望台から
山口県萩市

View of Hagi City seen from Tatokoyama Observatory
Hagi City, Yamaguchi

📷 マルマレットトースト
晦事_P.85

📷 coconプレート・小鉢
萩陶苑_P.86

📷 夏みかんのカッサータ
ホトリテイ（畔亭）_P.85

菊ヶ浜・夕暮れ
山口県萩市

Kikugahama Beach at Dusk
Hagi City, Yamaguchi

山口県萩市／ゲストハウス ruco
Guesthouse ruco / Hagi City, Yamaguchi

📷 ラウンジ
ゲストハウス ruco _ P.88

📷 角打ちスペースで
SAKAYA _ P.87

📷 軒先に並ぶ器
晦事 _ P.85

萩六島・笠山展望台から
山口県萩市

Six Islands of Hagi, seen from Kasayama Observatory
Hagi City, Yamaguchi

These are six flat islands scattered out to sea from Hagi City, half of which are uninhabited and half of which have residents. The islands were formed by a volcanic eruption roughly 60,000 to 210,000 years ago. It is said that the flat shape was formed because the lava that erupted out was relatively soft.

INFORMATION

みどころ

石見銀山遺跡とその文化的景観 [P.45・50]

銀鉱山跡と鉱山町、街道、港と港町など14の史跡・資産から構成される世界遺産。その中心である大森町は歴史と文化の香りが漂う人気のエリアです。

🏠 島根県大田市大森町
☎ 0854-88-9950（大田市観光協会）

温泉津温泉 夜神楽 [P.54]

神楽のなかでも特に豪華で激しいとされる石見神楽。その石見神楽を、温泉津温泉街の龍御前神社で毎週土曜20時から「温泉津温泉 夜神楽」として拝観できます。

🏠 島根県大田市温泉津町温泉津イ736（龍御前神社）
☎ 0855-65-2515（旅館ますや内温泉津温泉旅館組合）
📅 毎週土曜日 ⏰ 20:00〜

浄善寺の大銀杏 [P.63]

境内に立つ樹齢600年の銀杏は、高さ20m、幹の周囲7mの大木。紅葉の季節になると、落葉で一面金色の絨毯に覆われる様子はまるで別世界のよう。

🏠 島根県大田市三瓶町池田2146
☎ 0854-88-9950（大田市観光協会）
📅 〈見頃〉11月中旬〜12月初旬
※例年11月20日前後が最も見頃。

江津本町甍街道 [P.29]

古くから江の川の舟運と日本海の海運の要所として栄えた天領の町・江津本町。近世・近代の建築物が数多く集まり、天領らしい風景が残ります。

🏠 島根県江津市江津町
☎ 0855-52-0534（江津市観光協会）

石見畳ヶ浦 [P.36]

不思議な形の石（ノジュール）が一面に広がる海岸地帯。1,600万年前の海の浅瀬が隆起しているといわれ、ハートの形をした化石なども見られます。

🏠 島根県浜田市国府町
☎ 0855-24-1085（浜田市観光協会）

未成線「幻の広浜鉄道今福線」橋脚群 [P.39]

完成を見ないまま工事中止となり、幻の鉄道となった広浜鉄道今福線。山々の中に遺構として佇む橋脚群は、近くの展望台から眺めることができます。

🏠 島根県浜田市宇津井町ほか
☎ 0855-24-1085（浜田市観光協会）

唐音水仙公園 [P.14]

唐音の蛇岩という奇岩でできた海岸に隣接した公園。見頃の季節には、200万もの日本水仙が日本海をバックに咲き誇ります。

🏠 島根県益田市西平原町1598
☎ 0856-27-0501（鎌手地区振興センター）
📅 〈見頃〉12月〜1月頃

医光寺 [P.12]

雪舟が住職として招かれた寺として知られる医光寺。雪舟の名を冠した庭園では、四季折々の違った景色を楽しむことができます。

🏠 島根県益田市染羽町4-29
☎ 0856-22-1668
⏰ 8:30〜17:30（冬季は17:00まで）

みどころ 📷

津和野カトリック教会
城下町津和野の町並みに建つ、ゴシック様式の教会。内部はめずらしい畳敷きで、外からはあざやかなステンドグラスの光が射し込みます。
- 🏠 島根県鹿足郡津和野町後田ロ66-7
- ☎ 0856-72-0251
- 🕗 8:00〜17:00

乙女峠 マリア聖堂 [P.23]
明治時代に弾圧を受けたキリシタン殉教者を追悼するために建てられた聖堂。緑に囲まれた聖堂のステンドグラスからは、やわらかな光が射し込みます。
- 🏠 島根県鹿足郡津和野町後田乙女峠
- ☎ 0856-72-0251（津和野カトリック教会）

太皷谷稲成神社 [P.16]
日本五大稲荷のひとつに数えられ、願望成就のほか商売繁盛、開運厄除の神様が奉られています。朱塗りの鳥居がトンネルのように続く参道は壮観です。
- 🏠 島根県鹿足郡津和野町後田409
- ☎ 0856-72-0219 休 なし

弥栄神社の鷺舞神事 [P.20]
国の重要無形民俗文化財指定の津和野・弥栄神社に伝わる古典芸能神事。毎年祇園祭りのご神幸・ご還幸の日の2日間、町内で舞を見ることができます。
- 🏠 島根県鹿足郡津和野町内
- ☎ 0856-72-1771（津和野町観光協会）
- 📅 毎年7月20日・27日

萩反射炉 [P.66]
江戸時代、萩藩によって鉄製大砲の鋳造のため金属溶解炉として導入が試みられた反射炉。かつての産業の名残を感じられる世界遺産のひとつになっています。
- 🏠 山口県萩市椿東4897-7
- ☎ 0838-25-3139（萩市観光課）

松陰神社 [P.69]
幕末の思想家・吉田松陰を祭神とする神社。学問の神様として信仰され、境内には、宝物殿至誠館や「吉田松陰歴史館」も併設。ユニークな形のおみくじも人気です。
- 🏠 山口県萩市椿東1537
- ☎ 0838-22-4643

堀内・平安古地区 鍵曲 [P.68・69]
鍵曲は、左右を高い土塀で囲み、道を鍵の手（直角）に曲げた独特な道筋のこと。萩市では、この城下町特有の街路の姿を今も歩くことができます。
- 🏠 山口県萩市大字堀内・平安古町
- ☎ 0838-25-3139（萩市観光課）

笠山椿群生林 [P.67]
約25,000本のヤブツバキが自生する群生林内は遊歩道や展望台が整備され、毎年見頃にあわせて「萩・椿まつり」が開催されています。
- 🏠 山口県萩市椿東越ヶ浜
- ☎ 0838-25-3139（萩市観光課）
- 📅 (見頃) 2月中旬〜3月下旬

グルメ

ZUIENT 石見銀山本店 [P.51]

"北イタリア美食の町ピエモンテ"のコーヒー SATURNO（サトルノ）やイタリアンサンドイッチ、スイーツなど楽しめる本格派イタリアンバール。

🏠 島根県大田市大森町ハ46
☎ 0854-89-0879
休 不定休　🕙 10:00～18:00（夜は要予約）

ベッカライ&コンディトライ ヒダカ [P.51]

ドイツで修業したオーナーの本格ドイツパンが人気のベーカリー。お店のマークにもなっているブレッツェルは、噛めば噛むほどおいしくなる人気商品。

🏠 島根県大田市大森町ハ90-1
☎ 0854-89-0500
休 水・木曜日　🕙 10:00～17:00

群言堂本店カフェ [P.48]

古民家を改装した群言堂本店に併設されたカフェ。四季折々の変化を見せる中庭を望みながら食べる、里山おむすび定食やおやつセットは心も体も癒してくれます。

🏠 島根県大田市大森町ハ183
☎ 0854-89-0077
休 水曜日（祝日は営業／年末年始ほか臨時休業あり）
🕙 11:00～18:00（L.O.17:00／ショップは10:00～）

K Stand Talking [P.33]

季節ごとに変わるドリンクメニューのほか、コーヒースタンドながらハイクオリティなフードメニューでランチもカフェも楽しめます。

🏠 島根県江津市江津町1517
☎ 0855-52-7747
休 日・月曜日　🕙 10:00～17:00

カフェ&ベーカリー 蔵庭 [P.32・33]

カフェ "kuraniwa" では、地元産野菜を使ったオーガニックなフード&ドリンクを、ベーカリー "tsumugi" では国産小麦や素材にこだわったパンをいただけます。

🏠 島根県江津市松川町下河戸1-1
☎ 0855-57-0100
休 月～水曜日（木曜はドリンクのみ／冬期休業あり）／火・水曜日
🕙 11:00～17:00／10:00～18:00

日東紅茶ティーパーラー [P.41]

浜田駅前にある老舗純喫茶。昭和のレトロ感溢れる店内で、タイムスリップしたかのような時間を過ごすことができます。

🏠 島根県浜田市浅井町1565
☎ 0855-22-0613
休 不定休　🕙 8:00～17:00

楓ジェラート [P.41]

地元牧場の新鮮な牛乳を使ったジェラート。県内産素材のきなこ・紅茶など、やさしい味わいが口いっぱいに広がります。
※いちごフラッペ（P.41）は2018年夏時点のものです。

🏠 島根県浜田市三隅町向野田721-7
☎ 0855-32-5200
休 火曜日（祝日の場合は営業）
🕙（平日）11:00～18:00（土日祝）10:00～17:00

喫茶トラカイ [P.10・11]

果物畑の中に佇む小さな木造りの喫茶店。木のぬくもり溢れる店内でいただく月替わりのランチや季節のスイーツは体にも心にもやさしい味わい。

🏠 島根県益田市隅村町497-1
☎ 0856-25-1430
休 日・月曜日　🕙 11:30～17:00

グルメ

monukka [P.11]

葡萄園がつくるハード系のパンが揃うmonukka。自家農園での葡萄を使った20種類を超える自家製コンフィチュールはおみやげにもぴったり。

- 島根県益田市高津4-2-7
- 0856-23-6530
- 月〜水曜日　9:30〜17:00

糧 [P.24・25]

医食同源をテーマとしたランチは、季節ごとに身体のことを考えられた知恵のつまったものばかり。週末には野菜たっぷりビュッフェランチがいただけます。

- 島根県鹿足郡津和野町邑輝829番地1
- 0856-72-0339
- 月〜水曜日
- 11:00〜17:00（L.O.16:30／ランチL.O.13:30）

厨ファミリア [P.25]

食のプロジェクト"たべるを"監修のもと、食を楽しみ、考える、そんな料理が食べられます。週替わりのシェフが料理の腕をふるう個性豊かな食堂です。

- 島根県鹿足郡津和野町鷲原イ636-1
- 080-6302-9760（國方さん）
- 毎週木曜日のみ営業　11:30〜14:00

山田竹風軒本店 [P.19]

津和野銘菓「源氏巻」を食べやすいバータイプにした「源氏巻アイス」がおすすめ。しっとりとした生地とアイスのひんやり感がクセになる一品です。

- 島根県鹿足郡津和野町後田口240
- 0856-72-1858
- 年中無休　7:30〜18:00

晦事 [P.70・74・77]

築200年の町家を改装した趣あるカフェ。坪庭に面した店内では、萩ならではの夏みかんメニューが楽しめるほか、やきものなどの雑貨もあります。

- 山口県萩市呉服町2丁目32
- 0838-26-7199
- 第2・第4火曜日
- 10:00〜17:00（季節により変動）

patra cafe [P.70]

野菜たっぷりのランチはボリュームも◎。ほかにも、手作りスイーツやフルーツ漬けシロップなど見た目もおいしいメニューがたくさんつまったカフェです。

- 山口県萩市大字平安古町603-3
- 0838-21-7075
- 日曜日ほか（不定休）
- 11:30〜18:00（L.O.17:00）

ホトリテイ（畔亭）[P.74]

ボリュームたっぷりなランチプレートのほか、手作りスイーツやドリンクは目にもあざやか。日本庭園を眺めながらランチやカフェメニューがいただけます。

- 山口県萩市南片河町62
- 0838-22-1755
- 不定休　11:00〜17:00（L.O.16:00）

民芸品

温泉津やきものの里「やきもの館」[P.61]
窯元作品やオリジナル作品の販売も行うやきもの館では、気軽に陶芸体験も楽しめます。近くにある巨大な2基の登り窯も必見です。

🏠 島根県大田市温泉津町温泉津イ22-2
☎ 0855-65-4139
📅 毎週水曜日、12月29日～1月3日（臨時休館あり）
🕘 9:00～17:00

森山窯 [P.58・59・60]
使いやすさと美しさにこだわる森山窯。やわらかな緑の「呉須釉」とあざやかな藍の「瑠璃釉」を使ったものを中心に、あたたかみのある器たちが並びます。

🏠 島根県大田市温泉津町温泉津イ3-2
☎ 0855-65-2420
📅 日曜日、ほか不定休 🕘 8:30～18:00

椿窯 [P.56・57・60]
椿窯の荒尾浩一さん・浩之さん親子が作る青い「呉須」や赤い「辰砂」を活かしたシンプルな器。飽きのこないデザインで毎日の食卓にぴったりです。

🏠 島根県大田市温泉津町温泉津イ3-4
☎ 0855-65-2286
📅 不定休 🕘 9:00～17:00

石州 嶋田窯 [P.31・33]
登り窯を使って焼き上げる嶋田窯。しっかりとした厚みの器たちは、毎日の食事にもぴったり。石見焼伝統の「しの作り」で傘立てなどの大物も揃います。

🏠 島根県江津市後地町1315
☎ 0855-55-1337
📅 不定休（ショップ） 🕘 9:00～17:00

雪舟焼窯元 [P.11]
繊細な雰囲気をもつ雪舟焼。やさしい土色に淡い色彩が重なった器たちは、茶道具から日常に溶け込むものまで様々取り揃えられています。

🏠 島根県益田市染羽町4-29
☎ 0856-22-2056
📅 不定休 🕘 9:00～18:00

萩陶苑（椿秀窯）[P.74]
萩焼の魅力を伝えたいと、伝統的なものからデザイン性のある生活食器まで、幅広く手掛ける椿秀窯。多種多様、彩り豊富でモダンな萩焼に出会えます。

🏠 山口県萩市大字椿3775
☎ 0838-22-2441
📅 第2・4・5土曜日、日曜日、祝日、年末年始・お盆期間
🕘 9:00～17:00

YAKIMONO GUIDE

萩焼
萩市一帯で焼かれる陶器。独特の風合いと、貫入（細かいヒビ）が特徴。

石見焼
江津市を中心とした石見地方で作られている陶器。塩分や酸に強く、漬物等に向く。

温泉津焼
大田市温泉津町で焼かれる陶磁器。硬く割れにくく、日用的な食器に適する。

おみやげ

エアポートショップ萩・石見 [P.6・7・8]
萩・石見空港ミツバチプロジェクトから生まれたオリジナルはちみつ。空港の敷地内の養蜂場で採れた国産無添加はちみつは爽やかな甘さが特徴です。
🏠 島根県益田市内田町イ597（萩・石見空港内）
☎ 0856-24-0040
🗓 年中無休
🕐 11:00～17:30（発着時間により変動あり）

石見麦酒 [P.31]
空港はちみつを使ったハニードラフトなど、地域ならではのクラフトビール各種。萩・石見空港ほか、地元スーパー、道の駅などで購入できます。
🏠 島根県江津市嘉久志町イ405番地
☎ 0855-25-5740

和菓子処 三松堂（各店）[P.19]
こいの里は羊羹と同じ原材料ながら、サクッとした触感とさらりとした舌ざわりが特徴で、和菓子が苦手な人にも人気です。各店舗の詳細はHPをチェック。
🏠 島根県鹿足郡 津和野町森村ハ19-5（本店）
☎ 0856-72-0174（本店）
🕐 8:00～18:00（本店）

吉永米穀店 [P.21]
中庭の池でたくさんの鯉が泳ぐ、「鯉の米屋」とも呼ばれる吉永米穀店。コンパクトな米袋に入った津和野産コシヒカリは特別なおみやげにも。
🏠 島根県鹿足郡津和野町後田口296
☎ 0856-72-0011
🗓 不定休　🕐 8:00～18:00

空港はちみつ

クラフトビール

こいの里

津和野こしひかり

手仕事雑貨・アクセサリーほか

一等丸（第3類医薬品）

地酒を中心に様々なお酒が揃う

夏みかんオイル

俵種苗店・atelier CECILIA [P.22]
磁器とシルバーを組み合わせたオリジナルジュエリー"FRACTION"のほか、作家さんの器や津和野まめ茶など、セレクト商品も揃えられています。
🏠 島根県鹿足郡津和野町後田口212
☎ 0856-72-0244
🗓 年中無休　🕐 9:00～17:00

髙津屋伊藤博石堂 [P.22]
文豪・森鷗外も愛用した漢方胃腸薬・一等丸。毎日少しずつ飲めばストレスから胃腸を守り整えてくれます。素早く効くので旅行のお供にも最適。
🏠 島根県鹿足郡津和野町後田口231
☎ 0856-72-0023
🗓 不定休　🕐 9:00～18:00

SAKAYA [P.77]
気さくな店長が女性好みのお酒をセレクトしてくれるのも人気の秘密。店内には角打ち（試飲）スペースも設けられ、おいしく自分好みのお酒を選べます。
🏠 山口県萩市土原522-1
☎ 0838-22-8127
🗓 水曜日　🕐 10:00～20:00

たけなか 松陰神社店
萩産夏みかんの果皮から作ったアロマオイル。アロマポットやデュフューザーに数滴たらせば、さわやかな柑橘の香りに包まれます。
🏠 山口県萩市椿東 松陰神社境内
☎ 0838-25-4111
🗓 年中無休
🕐 8:00～17:00（12～2月は8:30～）

宿泊

他郷阿部家 [P.46・47]
世界遺産・石見銀山にある小さな町の築230年の武家屋敷を改装した宿。日本のふるさとのような空間だけでなく、手間ひまかけた丁寧な夕・朝食も魅力的です。

🏠 島根県大田市大森町ハ159-1
☎ 0854-89-0022
🔑 全3部屋

只今加藤家
他郷阿部家と同じく、石見銀山・大森町に佇む宿。武家屋敷を改装した宿には、薪で火をおこすおくどさんがあり、竃でのご飯炊きを体験することができます。

🏠 島根県大田市大森町ハ100
☎ 0854-89-0022（他郷阿部家）
🔑 1棟貸し（〜7名）

ゲストハウス波の音
築100年を超える古民家を改装したゲストハウス。海辺に並ぶ赤瓦屋根の景色を散策して楽しむこともできるほか、約5種類の体験メニューもあります。

🏠 島根県江津市波子町イ1255-120
☎ 0855-52-7208
🔑 最大収容10名

ホテルダイエー益田
洗練された客室内にはゆっくりとくつろげる工夫が随所に。シモンズ製のベッドや地元産を意識した無料の朝食など、リーズナブルながら質の高いステイが可能。

🏠 島根県益田市あけぼの西町3-3
☎ 0856-22-3289
🔑 全39室

津和野町家ステイ戎丁（えびすちょう）
明治半ばに建てられた長屋を改装した宿泊体験施設。昔ながらの和の設えとモダンなデザインが調和した津和野の町家暮らしを満喫できます。

🏠 島根県鹿足郡津和野町後田320
☎ 0856-72-1771（津和野町観光協会）
🔑 1棟貸し（2〜5名）

津和野町家ステイ上新丁（かみしんちょう）
昭和初期に建てられた町家。町家の中心には中庭が据えられていて、夜にはライトアップされたお庭を眺めながらゆっくりとくつろげます。

🏠 島根県鹿足郡津和野町後田イ283
☎ 0856-72-1771（津和野町観光協会）
🔑 1棟貸し（2〜10名）

ゲストハウス ruco [P.76・77]
ドミトリーと個室を備えたゲストハウス。木の温もりをふんだんにとりいれたカフェ＆ラウンジでは、地元産ドリンクメニューなどもいただけます。

🏠 山口県萩市唐樋町92
☎ 0838-21-7435
🔑 最大収容17名

萩八景 雁嶋別荘
地元の旬を生かした和風オーベルジュ。全室露天風呂を備えた客室からは、萩の川辺や運河をゆったりと眺めながらくつろぐことができます。

🏠 山口県萩市椿東3092
☎ 0838-26-2882
🔑 全16室

Column 4

タクシーガイド

　萩・石見空港から各主要方面へは、バス・タクシー・レンタカーのほか、お得な乗合いタクシーが便利です。また、貸切タクシープランもあるので、荷物が多くても安心して観光を楽しむことができます。目的地や予算などに合わせて、自分好みに旅のプランをカスタマイズしてみましょう。

貸切タクシーのメリット

POINT 1 出発地から到着地*まで荷物はタクシーのトランクルームでお預かり。安心して観光できる。

POINT 2 列車やバスで行きにくい場所へも行けるので、行き先の選択肢が広がる。

POINT 3 希望に応じてドライバーさんに撮影をお願いできる。自分たちのカメラで記念撮影も。

＊ 各空港・駅・旅館

ちょっとお得に
空港から各主要方面へ 乗合いタクシー

● 利用料金：1,000〜2,500円／1名（行き先によって異なります）

空港と各地域の駅等を結ぶ、お得な乗合いタクシー（要予約）も運行されています。萩・石見空港と萩市内、津和野、三隅・浜田の各エリアを結び、1名から運行可能なので、気軽に利用できます。
※詳しくは、「萩・石見空港」HPでご確認ください。

[申込み・問合せ先]
○ 浜田・三隅方面　　Fromハート　　　TEL：0855-23-1186
○ 津和野方面　　　　コイコイタクシー　TEL：0856-72-3700
○ 萩方面　　　　　　萩近鉄タクシー　　TEL：0838-22-0924

目的地を快適にめぐる 貸切タクシープラン

● 利用料金：9,200〜46,100円（税込）／2〜10時間（タクシー1台あたり）
● 人　数：1〜4名向け
　　それ以上の人数の場合はジャンボタクシー（5〜9名乗り）を配車。
　　料金は要問い合わせ。
● 申込み：利用日前日17:00まで受付。希望コースや人数、予約名などを伝える。
● 運行会社：益田タクシー／第一交通／日交タクシー

[申込み・問合せ先]
○ 平日（09:00〜17:00）
　益田地区タクシー共同組合事務局
　TEL：0856-22-4323 ／ FAX：0856-22-4323
○ 平日17時以降・土・日・祝日
　益田タクシー株式会社
　TEL：0856-22-8181 ／ FAX：0856-23-1005
　MAIL：masutaku@iwami.or.jp

※各施設の入場料、拝観料、食事、駐車料、高速道路代等は含みます。
※運行は各タクシー会社の一般乗用旅客自動車運送事業標準運送約款の規定による。
※ドライバー休憩時間30分程度を行程中に含む。

Column 5

レンタカーガイド

航空券とセットの
お得なレンタカー付プランも！
詳しくは
しまね観光ナビ　萩・石見空港 で
キャンペーンをチェック！

レンタカーのメリット

- 公共交通機関だけでは行きにくいところへも行ける
- 空港や駅からそのまま乗れる
- 比較的安価で借りられる

思いつきの寄り道や、行き先の変更も！
旅の自由度が格段に上がります！

気をつけたいこと

POINT 1 サンダルやヒールのある靴での運転は✕

アクセルに引っ掛かり、踏み込んだままで車が暴走する危険があります。

POINT 2 貴重品は車に放置せず、車の施錠にも気をつける

車上荒らしに狙われやすいレンタカー。車内に貴重品を放置しないようにしましょう。また、鍵の閉め忘れにも気をつけましょう。

POINT 3 ガソリンは早めに給油！

慣れない土地では、ガソリンスタンドを探すのもすぐにというわけにはいきません。ガソリンスタンドを見つけたら、余裕をもって早めに給油しておきましょう。

萩・石見空港	タイムズカーレンタル 石見空港店　年中無休　12:30〜18:00	☎ 0856-24-2826	
	ニッポンレンタカー 石見空港営業所　年中無休　9:30〜18:00	☎ 0856-24-0005	
	トヨタレンタカー 石見空港店　年中無休　8:00〜20:00*1	☎ 0856-22-2100	
	オリックスレンタカー 石見空港カウンター　年中無休　8:00〜20:00	☎ 0856-24-1212	
津和野町内	駅レンタカー 津和野営業所　年中無休　9:00〜17:00　☎ 0856-72-2786*2　島根県鹿足郡津和野町後田イ71-2（津和野町観光協会）		
浜田市内	トヨタレンタカー 浜田駅北口店　年中無休　8:00〜20:00*1　☎ 0855-22-5757　島根県浜田市浅井町888-2		
	キャルレンタカー 浜田店　年中無休　8:00〜20:00　☎ 0855-23-8585　島根県浜田市浅井町1508-5		
江津市内	ニコニコレンタカー 江津駅前店　日曜、1/1〜2日　7:00〜19:00*3　☎ 0855-52-2215　島根県江津市江津町1520-162（津和野町観光協会）		
大田市内	キャルレンタカー 大田店　1月1日　7:00〜19:00*4　☎ 0854-82-0802　島根県大田市大田町大田イ330-1		
萩市内	トヨタレンタカー 萩店　年中無休　8:00〜20:00　☎ 0838-24-0100　山口県萩市大字椿東開作2970-10		
	タイムズカーレンタル 萩店　年中無休　9:00〜18:00*5　☎ 0838-21-1101　山口県萩市大字土原164-4		
	100円レンタカー 萩店　祝日*6　8:30〜17:00　☎ 0838-25-5111　山口県萩市平安古町550		

*1　12月30日〜1月5日は8:30〜18:00
*2　申込みは4日前まで
*3　祝日は18:00まで、12月31日は17:00まで
*4　日曜・祝日、1月2〜3日は8:30〜18:00
*5　1月1日は15:00まで、1月2〜3日は17:00まで
*6　12月30日〜1月6日は休み

M A P

ACCESS MAP

萩・石見空港まで

| 東京(羽田) | 約90分 | 萩・石見空港 |
| 大阪(伊丹) | 約60分 (季節運行) | |

※最新の運行情報についてはご確認ください。

萩・石見空港から各地へ

津和野方面	萩・石見空港	バスorタクシー 約15分	益田駅	JR山口線 特急 約30分	津和野駅
		乗合いタクシー 約50分	津和野駅		
江津・浜田方面	萩・石見空港	バスorタクシー 約15分	益田駅	JR山陰本線 特急 約50分	江津駅
				JR山陰本線 特急 約30分	浜田駅
		乗合いタクシー 約65分	浜田駅		
大田方面	萩・石見空港	バスorタクシー 約15分	益田駅	JR山陰本線 特急 約75分	大田市駅
萩方面	萩・石見空港	バスorタクシー 約15分	益田駅	JR山陰本線 普通 約80分	東萩駅・萩駅
		乗合いタクシー 約70分	萩市街地		